Ein herzliches

Dankeschön

für 60 Jahre

Verbundenheit

mit der

Sozialdemokratischen Partei

Maria Knauder

KÄRNTEN

Land zwischen Bergen und Seen

Gerhard Trumler

KÄRNTEN

Land zwischen Bergen und Seen

Mit einem Vorwort
von Johannes Sachslehner

styria regional
CARINTHIA

Johannes Sachslehner

Kärnten
Eine Landschaft in Europa

Das Antlitz der Kärntner Landschaft wurde geformt in klirrender Kälte. Mächtige Gletscherströme wuchsen in der Eiszeit ins Land, schürften tiefe Felswannen aus, die sich später zu Seen auffüllten, überragt von Terrassen und Moränenwällen. Das scharfkantige Gletschereis zeichnete die Formen der Täler vor; die Flüsse gaben diesen mit Schotter- und Lehmablagerungen ihr heutiges Gesicht. Noch vor 24.000 Jahren, so hat die Forschung erschlossen, war der Raum um Spittal an der Drau bis in eine Höhe von etwa 1800 Metern mit Eis bedeckt. Drei Eisströme, der Möll-, Drautal- und Lieser-Gletscher, vereinigten sich hier zu einem gewaltigen Eisstrom, dessen Nordteil jene tiefe Furche bildete, in der sich später das Wasser des heutigen Millstätter Sees sammeln konnte. Vor etwa 20.000 Jahren begannen die Gletscher zu schmelzen und gaben die zerschürfte Erde frei, die nun von der Vegetation zurückerobert wurde. Kahl geschliffene Kuppen verwandelten sich allmählich in dicht bewaldete Hügel, in sattgrüne Wiesen und dunkle Moore; es entstanden die „stillen Königreiche" der Natur, von denen der Dichter Josef Friedrich Perkonig spricht. Die Gletscher zogen sich zurück in die Felsmassive der Hohen Tauern; noch heute aber verfügt Kärnten mit der Pasterze über den größten Gletscher Österreichs.

Irgendwann kamen die Menschen ins Land. Funde von Steingeräten in der Griffener Tropfsteinhöhle dokumentieren, dass die Spuren der Besiedlung durch *Homo sapiens* etwa 30.000 bis 40.000 Jahre zurückreichen, also in die letzte Phase der Altsteinzeit – damals gab es noch keinen Millstätter See und keinen Wörthersee, das Kärnten dieser grauen Vorzeit war ein anderes Land. Tausende von Jahren später: Funde aus der Bronze- und Eisenzeit belegen die wachsende Bedeutung als Lebensraum; der älteste Skelettfund Kärntens aus der Ortschaft St. Salvator bei Friesach stammt aus der Zeit um 2000 v. Chr. Für die letzten Jahrhunderte vor dem Beginn unserer Zeitrechnung ist ein reger Handel mit Salz und Eisen nachgewiesen; auf der Gurina im Gailtal fand man die ältesten Schriftdenkmäler Österreichs, Bronzeblechtafeln mit altvenetischen Schriftzeichen; die zahlreichen Funde auf dem Gräberfeld von Frög, das 800 bis 600 v. Chr. datiert wird, erzählen von engen Handelsbeziehungen und kulturellem Austausch mit dem unteren Donauraum.

Illyrer und Veneter siedelten sich an, später kamen keltische

Stämme, verbanden sich zu einem ersten „Reich", dem *Regnum Noricum.* Erste Namen tauchen in antiken Quellen auf, so die *Ambdidravi*, die entlang der Drau wohnenden Ur-Oberkärntner, oder die *Taurisci*, die Menschen vom Berg. Am Magdalensberg und in Teurnia entstanden erste städtische Zentren; römischen Kaufleuten folgten die Legionen des Augustus, das Land wurde Teil des Imperium Romanum. Hauptstadt der Provinz *Noricum* und Sitz des römischen Provinzstatthalters wird Virunum am Rande des Zollfeldes, es entfaltet sich eine blühende provinzialrömische Kultur. Schließlich drang das Christentum in die Kärntner Täler vor, zugleich setzten sich germanische und später auch slawische Stammesgruppen fest, es begann der große Wandel von der antiken zur mittelalterlichen Welt des slawischen Fürstentums Karantanien mit dem neuen Mittelpunkt in Karnburg *(Krnski grad)* und weit über die heutigen Landesgrenzen hinausreichend. Der Fürstenstein, das älteste Rechtsdenkmal Kärntens, jetzt im Wappensaal des Klagenfurter Landhauses aufgestellt, erinnert an diese Zeit. Alteingesessene romanische und germanische Bevölkerungsteile finden mit den Neuankömmlingen, den slawischen *Carantani*, zu einem friedlichen Zusammenleben. Der bekannte Satz der Kärntner Schriftstellerin Trude Polley „Die Geschichte Österreichs begann in Kärnten" hat durchaus seine Berechtigung.
Bereits in der frühen Geschichte Kärntens spiegelt sich so das Wesensmerkmal des Landes: Es ist ein Ort des Zusammentreffens und Aufeinanderstoßens unterschiedlicher Kulturen und Religionen; es sind Begegnungen, die nicht immer friedlich verlaufen – die „Christianisierung" der „heidnischen" Karantanen gelingt den aus dem Herzogtum Baiern kommenden Missionaren erst nach der Niederschlagung blutiger Aufstände. Erstaunlich ist jedoch, dass vielfach Altes neben dem Neuen bestehen bleibt, und zwar in einer Reinheit und Ursprünglichkeit, die wir sonst nirgendwo finden. Kärnten ist eine Insel des Archaischen geblieben, ein Phänomen, das ihm eine besondere Stellung unter Österreichs Bundesländern einräumt. In der Welt der Bauern und Holzfäller, der Bergknappen und Hüttenarbeiter vertraute man dem Bewährten, mochte es auch von der gelehrten Welt außerhalb des Tals nur mit zweifelndem Kopfschütteln wahrgenommen werden.
Das alles änderte sich mit dem unseligen Gerede vom „deutschen Volk", das schließlich auch den Weg ins habsburgische Kronland „Kärnten und Krain" fand. Und mit dem Geist des Nationalismus kam das Wort vom „Grenzland" in Mode – ein Begriff von explosiver, zerstörerischer Kraft: Plötzlich gab es eine neue Sicht auf alles, was nicht „deutsch" war, Unterschiede und Trennlinien wurden gesucht und gefunden, man war nicht mehr Kärntnerin und Kärntner, sondern fühlte mit dem großen „Deutschen Reich" und grenzte sich ab von den „anderen", Juden und Slawen, denen man dieses Privileg nicht zugestehen wollte. Über Jahrzehnte

blieb das deutschnationale Gerede nur wüste Rhetorik, doch dann kamen der Erste Weltkrieg, der Zusammenbruch der Monarchie, die Friedensverhandlungen von St. Germain und der „Kärntner Abwehrkampf": Das war die Stunde der Deutschnationalen, die nun mit ihrem Welt- und Geschichtsbild Recht zu behalten schienen.
Vergessen wir nie: Es ging diesen Männern in erster Linie nicht um Österreich und nicht um die junge Republik, in ihren Köpfen spukte das mystische Reich der Deutschen. Das Wort „deutsch" führten sie bis zum Exzess im Mund, allen voran „Landesverweser" Arthur Lemisch. In der feierlichen Festsitzung der Kärntner Landesversammlung am 25. November 1920 zitierte er programmatisch den deutschen Freiheitshelden Theodor Körner: „Deutsches Volk, du konntest fallen, aber sinken kannst du nicht!" Hans Steinacher, als Geschäftsführer des Kärntner „Heimatdienstes" einer der bedeutendsten Agitatoren des Abwehrkampfes und über seinen Tod 1971 hinaus als Held verehrt, formulierte in seinem 1943 erschienenen Werk „Sieg in deutscher Nacht. Ein Buch vom Kärntner Freiheitskampf" das gültige Glaubensbekenntnis: „Aus deutschem Volkstum und aus der Kärntner Heimat erwuchs uns die Kraft. Die Kärntner Heimat war das uns unmittelbar gegebene Stück Leben der Deutschheit.
Hans Steinacher, der „große Sohn Kärntens", wie ihn sein Biograf Siegmund Knaus sehen möchte, präzisiert nur allzu gern, was dies in Bezug auf das 1918 erstandene neue demokratische Österreich bedeutet: „Es war mir stets eine unumstößliche Selbstverständlichkeit, den Abstimmungskampf nicht um den Anschluß an Österreich, sondern um die großdeutsche Zukunft zu führen." Der Mann, der sich nach dem Krieg zum NS-Opfer stilisieren und 1949 zum stellvertretenden ÖVP-Obmann Kärntens gewählt werden wird, lässt keine Zweifel an seiner strammen NS-Gesinnung aufkommen: „Nicht nur falsch, sondern auch lächerlich sind alle Versuche einer ‚österreichischen' Nachkriegszeit gewesen, den Erfolg Kärntens im zweijährigen Kampf von 1918 bis 1920 als einen ‚Sieg des österreichischen Staatsgedankens' darstellen zu wollen. Kärntens Kampf konnte nur als deutscher Kampf, in Selbstverantwortung für das geschaute Reich und für Volkstum und Heimat geführt werden." Männer wie Steinacher sahen sich als Wegbereiter des „Deutschtums" und einer „Volksgemeinschaft aller Deutschen" und es war nur konsequent, dass sie sich in den 1930er-Jahren mit Haut und Haaren der Ideologie der NSDAP verschrieben. Völkische Mythen, antislawische und antisemitische Parolen verbanden sich in diesem Denken zu einer Ideologie der Ausgrenzung und der Verfolgung, der „volksdeutsche Kampf", so glaubten sie, ging weiter, doch dieser stand nun im Zeichen des Hakenkreuzes und nahm bald mörderische Formen an. Der Beginn des Feldzuges gegen Jugoslawien am 6. April 1941 wurde zum Signal: Die Gestapo

ging in ganz Kärnten gegen führende Persönlichkeiten slowenischer Nationalität vor; in den neu besetzten Gebieten im Mießtal kam es zu einer „Aussiedlungsaktion", der berüchtigten „K-Aktion": Etwa 3.500 Menschen wurden im April 1942 von ihren Höfen vertrieben. Jene, die den Begriff „Heimat" so gerne im Munde führten, zerstörten sie nur allzu bereitwillig selbst.
1945, so hat man den Eindruck, brachte zwar die Befreiung vom Regime, dem man gedient hatte, aber es war kein Neuanfang, keine Stunde null. Erschreckend das Ausmaß des Schweigens, die Konsequenz, mit der die Wahrheit unter den Tisch gekehrt wurde: Da liest man im Kärntenkapitel des „Österreichbuchs" von Ernst Marboe, erschienen 1948, schon wieder etwas von der „besonderen Atmosphäre des Grenzlandes" und vom „Schicksal", das den Zweiten Weltkrieg über eine „hartgeprüfte Generation" hat kommen lassen und – man glaubt seinen Augen nicht zu trauen – von „zwei Hauptrassen" Kärntens: „Helle, großwüchsige Langköpfe und dunkle, großwüchsige und langgesichtige Kurzköpfe" sollen das Land bevölkern, schwächer vertreten sei der „ostische Einschlag", auch „vereinzelte mongolische Spuren" seien sichtbar – NS-Rassenkunde, adaptiert für die Zweite Republik. Die „spezifischen seelischen Merkmale" der Kärntner Lang- und Kurzköpfe würden sich aus diesen rassischen Grundlagen ergeben: „Überschwängliche Begeisterungsfähigkeit, die heitere Lebens- und Genussfreude, der Trieb ins Große und Tiefe" könne man auf germanische Wurzeln zurückführen; keltischen Ursprungs seine dagegen die „raue urwüchsige Kraft, die Biederkeit, der derbe Humor und die Selbstsicherheit", „ostisches Erbe" seien eher negative Merkmale im Wesen des Kärntners: eine „gewisse verständnislose Ablehnung des Neuen und Ungewöhnlichen, das berüchtigte Gewährenlassen der Dinge".
Noch 1970 findet sich in dem von der Kärntner Landesregierung herausgegebenen Prachtband „Das ist Kärnten. Geschichte – Bestand – Entwicklung" genau ein Satz zum Thema „Anschluss": „Am 13. März 1938 wurde Kärnten gleich den anderen Ländern Österreichs ein Gau des Großdeutschen Reiches." Ein Satz, der allein durch sein hilfloses Gefangensein in der Sprache der Nazis verrät, dass man die Ereignisse von 1938 bis 1945 noch immer nicht richtig „bewältigt" hat. Kein Hinweis darauf, dass deutschnationales Gedankengut schon Jahrzehnte zuvor in Kärnten besondere Popularität genossen hatte. Kein Wort darüber, dass die Kärntner Nazis den „Anschluss" herbeigesehnt und herbeigebombt hatten, dass sie längst Polizei und Bundesheer unterwandert hatten und nur allzu bereitwillig den Neuen Platz in Klagenfurt in „Adolf-Hitler-Platz" umbenannten. Kein Wort davon, dass sich zahlreiche Kärntner im Mordapparat des NS-Staates an vorderster Front hervortaten, erinnert sei an Friedrich Rainer, den Gauleiter Kärntens, und an Odilo Globocnik, den Organisator der

„Aktion Reinhardt". Kein Zweifel: Die Kärntner Gesellschaft hat im NS-Regime große Schuld auf sich geladen; nach 1945 gab es kaum eine Auseinandersetzung mit dieser Schuld. In Villach feierte man wieder Fasching wie eh und je, die gläubigen Katholiken liefen wieder über vier Berge, niemand kam auf die Idee, die Täter von gestern für ihre Morde zur Verantwortung zu ziehen. Als man es wie im Fall des Globocnik-Adjutanten Ernst Lerch doch wagte, diesen 1972 (!) wegen Teilnahme an der Ermordung von über 1,8 Millionen Juden vor Gericht zu stellen, stoppte die Staatsanwaltschaft den Prozess nach zwei Tagen; Ernst Lerch blieb fortan unbehelligt.

Die politischen Veränderungen nach 1991, der Zerfall Jugoslawiens und die Demokratisierung des Nachbarlandes Slowenien, haben inzwischen zur Entspannung beigetragen; die Wunden des 20. Jahrhunderts sollten vernarben können, auch wenn manch Unverbesserliche sich noch immer an zweisprachigen Ortstafeln stoßen mögen oder an eine „Slowenisierungsgefahr" Südkärntens glauben. Die tatsächliche zahlenmäßige Entwicklung der slowenischen Volksgruppe spricht eine andere Sprache: Sind es 1971 noch knapp 21.000 Kärntnerinnen und Kärntner, die sich als Angehörige der slowenischen Volksgruppe deklarieren, so bekennen sich 2001 nur mehr 13.000 Personen zu ihrer slowenischen Nationalität.

Aus dem „Grenzland" ist längst das geworden, was es einmal war: eine europäische Landschaft, liebenswerte Heimat für viele, ein begehrtes Reise- und Ausflugsziel für alle, die den Zauber der Kärntner Berg- und Seenwelt genießen möchten. Kurios: In einer Landtagssitzung vom September 1908 hatte der deutschnationale Abgeordnete Otto Steinwender, Mitbegründer des „Deutschen Schulvereins", einst gemeint: „Es wird niemand von uns verlangen, dass wir den Automobilen zuliebe unsere Landstraßen mit einem Aufwand von Millionen umbauen sollen" – seine Forderung daher: „Dieser Verkehr ist einfach zu verbieten. Basta!" Heute inszeniert sich Kärnten auch als Party- und Event-Land, das Dröhnen der Motoren wurde zur Signatur, Veranstaltungen wie das GTI-Treffen in Reifnitz am Wörthersee und das Fest der Harley-Freaks am Faaker See sind Kult geworden, Kärnten entwickelt sich …

S. 1: Wegkreuz bei Zirknitz.
S. 2: Blick ins Kärntner Land: Aussicht vom Turmfenster der Ruine Kraig.
S. 4–5: Weithin sichtbar gelegen: die Pfarrkirche von Kornat im Lesachtal, geweiht dem heiligen Johannes dem Täufer.
S. 6–7: In der Region Hohe Tauern: die Straße von Putschall nach Egg, Gemeinde Großkirchheim.
S. 8–9: Alpendorf am Ende des Tals: Heiligenblut am Großglockner.
S.10–11: Abenddämmerung über dem Millstätter See, dem wasserreichsten See Kärntens.
S. 12–13: Einsam-friedliche Bergwelt: die Heiligenbach-Alm in den Nockbergen.

1

1: Einst Teil des alten Verkehrsweges von der Adria zur Donau: die Römerstraße bei Warmbad Villach.
2: Gewidmet dem Waldgott Silvanus Saxanus: Inschrift im verlassenen Römersteinbruch „Spitzelofen“ an der Koralpe.
3, 4: In der Pfarrkirche von Karnburg ist die antike Welt noch allgegenwärtig: römerzeitliche Reliefsteine.
5: Zeugen vom Wohlstand seiner Bewohner: Gefäßfunde vom Magdalensberg.
6: Römischer Nischenporträtgrabstein in der Pfarrkirche St. Donat, ursprünglich aus den Gräberfeldern von Virunum stammend.
7: Pantherrelief an der Westseite der Pfarrkirche von Tiffen.

2

3

4

5

6

7

1

2

3

4

5

TI CLAVD
TERTIVS
ET POMPON
PROCVLA
HIC LOCVS EST
C POMPONIVS
FELIX V
SABINIA
HELENAE
VIVA F
SIBI ET

1

2

Vorhergehende Doppelseite:
Kärnten – das Land der geheimnisvollen Köpfe
Vermutlich vorrömische Steinköpfe an der Außenwand der Kirche von St. Donat. (1, 3)
Römerzeitliche Steinköpfe am Stiegenaufgang zur Pfarrkirche St. Urban am Urbansee. (2, 4)
5: Schriftdenkmal aus dem 6. Jahrhundert: die Nonnosus-Grabplatte am Volksaltar der Pfarrkirche von Molzbichl.

Diese Doppelseite:
1: Erbaut vom Kärntner Landesbeamten Dominikus Prunner zur Erinnerung an die versunkene Römerstadt „Sala" (= Virunum): das Prunnerkreuz auf dem Zollfeld.
2: Zusammengefügt aus Steinen des römischen Virunum: der Herzogstuhl am Zollfeld, ein Doppelthron, erstmals 1161 urkundlich erwähnt als *sedes Karinthani ducatus.*

Gottes
Auge sieht alles
Ihr Christen bedenket, dass ihr werdet
sterben müssen, meine Zeit geht schon zu Ende daß
ich mich werde müssen in Ewigkeit begeben, meine
Freunde und Bekante, ich bitte euch mit traurigem
Herzen um Verzeihung was ich euch Übels ge..
than habe ich danke euch herzlich was ihr mir gutes
erzeiget habet. Ich bitte euch die ganze Nachbar..
schaft Vorderberg um einen Platz für mein Grab
Ich verschließe mich in den geistlichen Testament, es
soll Gott zur Ehre sein und den Christen zur Seelenheil
O ihr Kirchenhäupter ich bitte euch lasset …
den Wille vollkommen sein, daß mein Herz mit Freude
erfüllet wird, in ganzen meinen Leben in junger und
alter Zeit ich habe sehr gewünscht bei der Maria Graben
Kirchen zu werden und dort eine Hauptstücke Lehr
… auf einen Stein geschriebene Christen Verkün
digung bis zur Ende der Welt nach dem …
1

2

3

4

5

1–2: „Gottes Auge sieht alles“: Steinthron an der Außenwand der Filialkirche Maria im Graben bei Vorderberg.
3: Sollte die Gläubigen zu intensivem Gebet anhalten: der geschnitzte „Riesenrosenkranz“ in der Filialkirche Maria im Graben, 2. Hälfte 17. Jahrhundert.
4: Der achteckige Karner vom Metnitz mit der Kopie des Totentanzfreskos, entstanden vermutlich um 1500. Das Original wurde 1968/70 ins Totentanzmuseum Metnitz übertragen.
5: Ein uralter Brauch: die von einer Eisenkette umgürtete Pfarrkirche von Bad St. Leonhard im Lavanttal.
6: Der Tod holt sich jeden Einzelnen mit einem Spruch zum Tanz, ohne Rücksicht auf seinen gesellschaftlichen Stand und Rang: das Totentanzfresko von Metnitz.

6

1

2

3

Kärnten – das Land der Wassermühlen

1: Die Gurnig-Mühle in Friesach.
2: Auf dem Mühlenweg in Maria Luggau: die 2. Mühle.
3: Dorfmühle in Finkenstein.

4: Noch immer in Betrieb: die Hansche-Mühle in Dobeinitz, Keutschach am See.
5: Auch Sägen werden mit Wasser betrieben: die Mehlteuer-Säge in Himmelberg.
6: Die Strajacher-Mühle im Lesachtal.

4

5

6

5

1–2: Im letzten Bauernbad der Ostalpen: die Badestube des Karlbads im Nationalpark Nockberge. Seit dem 18. Jahrhundert wird in den mit Brettern bedeckten Trögen gebadet.
3: Bauernhaus in Obergail im Lesachtal, an der Wand alte Mühlenräder.

1

2

3

1

1: Altes Sägewerk: Venezianer-Gatter in Ludmannsdorf.
2: Einfülltrichter und Steinverkleidung: das Innenleben der Eder-Mühle in Bad Kleinkirchheim.
3: Hier wird Mehl für das Lesachtaler Brot gemahlen: die Groaßn-Mühle in Maria Luggau.

2

3

1

Ursprünglichkeit und Nachhaltigkeit prägen die bäuerliche Arbeitswelt
1: Steckenzaun in Apriach.
2: Heutrockenstangen zum Aufhängen des Heus, genannt „Hiefler", in Obergail.
3: Traditioneller Stangenzaun in St. Lorenzen: Die Zaunringe aus Fichtenholz sind in Achterschleifen um die Stecken gelegt.

2

3

1–2: Alte Heustadln in Obergail im Lesachtal.
3: Führt durch eine versunkene Lebenswelt: das Bergbauernmuseum Mentlhof in Apriach, Heiligenblut.
4: Bei der Heuernte im steilen Gelände.
5: Heustadl in St. Lorenzen.

1

2

3

4

5

1

2

3

4

Stadln, Harpfen und Kesen
1: Heustadl in Tscheltsch im Lesachtal.
2: Mit Schindeln gedeckte Heuhütte in Vorderkrems.
3: Heuharpfe bei Innervillgraten am Stallerbach.
4: Doppelkese mit Satteldach bei Dellach im Gailtal.
5: Trockengerüst für Heu, genannt „Kese“, bei Maria Saal.

5

2

3

1

1: Bauernhöfe in Kornat.
2: Blick von Tscheltsch auf die Karnischen Alpen.
3: Hof mit Scheune in Podlanig.
4: Tscheltsch im Lesachtal mit dem Lumkofel.
5: Dellach im Gailtal.

Nachfolgende Doppelseite:
Das Tor zum Nationalpark Hohe Tauern: Winklern im oberen Mölltal.
Blick nach Osten zur Kreuzeck-Gruppe.

4

5

1

2

3

Wunderbare Vielfalt der Ziegelgitter-Fenster
1: Der ehemalige Stadel von Schloss Ehrenegg in Griffen.
2–3: Sie boten Schutz vor dem Zutritt dämonischer Kräfte und Mächte:
Ziegelgitter-Fenster eines Stadels in St. Ruprecht bei Villach.

4: Wirtshausschild in Gmünd, Hintere Gasse.
5: Ziegelgitter-Fenster bei Schwabegg.
6–7: Ziegelgitter-Fenster bei Neuhaus.
8: Der Stadel des Schurianhofs in Krumpendorf am Wörthersee.
9: Fassade des Kreuzerhofs in Poggersdorf, westlich von Völkermarkt. Die Ursprünge des Kreuzerhofs reichen bis ins 15. Jahrhundert zurück.

4

5

6

7

8

9

1

2

3

1: Badehaus am Faaker See.
2: Eine „Werkstätte für Architektur": das Steinhaus von Günther Domenig am Ufer des Ossiacher Sees.
3: Ehemals ein Speicher für Zehentgetreide: die Alte Brauerei in Gmünd, Hintere Gasse.
4: Eine der ältesten Bergsiedlungen Österreichs: die „Wohlfühlstadt" Althofen.

Nachfolgende Doppelseite:
1: Teil der mittelalterlichen Stadtbefestigung: das ursprünglich 1271 errichtete Pankrazitor in Gmünd.
2: Das Rathaus in St. Veit an der Glan.
3: Der Arthur-Lemisch-Platz in Klagenfurt mit dem Bernhard-von-Spanheim-Brunnen. Zusammen mit seinem Vater Hermann gilt Bernhard von Spanheim als Begründer des Marktes Klagenfurt.
4: Die Fußgängerzone in der Altstadt von Villach.

4

1

2

3

4

1

2

1: Prunkraum der Kärntner Landstände mit 665 Wappenabbildungen: der Große Wappensaal im Landhaus Klagenfurt. Das Fresko über dem Kamin zeigt die Erhebung Klagenfurts zur landständischen Stadt durch Kaiser Maximilian I. am 24. April 1518. 2: Das Landhaus Klagenfurt, Sitz der Kärntner Landstände bzw. des Kärntner Landtags. 3: Das Wahrzeichen Klagenfurts: Der 1593 auf dem Neuen Platz errichtete Lindwurmbrunnen erinnert an die Gründungssage der Stadt. Die Statue des keulenschwingenden Herkules wurde 1636 ergänzt. Nachfolgende Doppelseite: Klagenfurt am Wörthersee (slowenisch *Celovec ob Vrbskem jezeru*).

3

1

Vsi ki greste mimo, poglejte ali je
Kate ra bolečina, kakor bolečina moja !

2

1

Vorhergehende Doppelseite:
1: Nunmehr als Museum genützt: der Hochofen „Hammer“ in Frantschach-St. Gertraud, errichtet 1848 für die Erzeugung von Roheisen vom schlesischen Unternehmer Hugo Graf Henckel von Donnersmarck.
2: Zeugnis tiefer Volksfrömmigkeit: Kapelle in Zell-Freibach (*Sele-Borovnica*).

Diese Doppelseite
1: Kruzifix in Karnburg.
2: Pfeilerbildstock mit Glöckchen in Kraßnitz, Gemeinde Straßburg.
3,5: Wegkapelle in Ragglach bei Maria Rojach.
4: Kreuzigungsrelief an der Außenwand der Pfarrkirche Althofen.

Nachfolgende Doppelseite:
1: Die älteste Kirche Kärntens: die Pfalzkirche von Karnburg, hervorgegangen aus der karolingischen Pfalzkapelle (*Curtis Carantana*).
2: Eine ehemalige Wehrkirche: die Pfarrkirche St. Philipp und St. Jakob in Arriach.

2

3

4

5

1

2

1

1: Pfarrkirche Loibltal an der Loiblstraße, geweiht dem hl. Leonhard.
2: Von einer „Leonhardskette“ umgürtet: die außerhalb der Stadt gelegene Pfarrkirche Bad St. Leonhard.
3: Wallfahrtsstätte am Fuß des Großglockners: Heiligenblut. Einst soll, so die fromme Legende, der byzantinische Feldherr Briccius ein Fläschchen des „Heiligen Blutes“ hierher gebracht haben.

2

3

1: Anno 1238 soll auch hier das „Heilige Blut“ ein Wunder bewirkt haben: die Heiligblutkirche in Friesach mit der Ruine Rotturm, ehemals Teil der Stadtbefestigung.
2: Blick auf die Türme der Stadtpfarr- und Wallfahrtskirche Heiligenkreuz in Villach.
3: Knappenkirche in Innerkrems, einst Zentrum des Eisenbergbaus.
4: Erbaut 1778: die spätbarocke Filialkirche hl. Georg in St. Georgen, Gemeinde Rennweg am Katschberg.

1

2

3

4

1: Die mächtigen Westtürme des Doms von Maria Saal, des ältesten religiösen Zentrums Kärntens.
2: Die Kapelle von Birnbaum im Lesachtal.
3: Romanische Türme mit barocken Zwiebelhelmen: der Gurker Dom, Grabstätte der heiligen Hemma und sakraler Mittelpunkt Kärntens.

2

3

1

1

3

4

1: Ein Ort zum Innehalten: im Hof der ehemaligen Benediktinerabtei Millstatt.
2, 6: Die zweigeschossigen Arkadenhöfe der ehemaligen Klosteranlage.
3–5: Uralte Symbolik: Unholde und Löwen auf den romanischen Säulensockeln und Säulenkapitellen im Kreuzgang.

2

5

6

1

2

3

1: Friesach, im Mittelalter die wichtigste Stadt Kärntens: Blick von der Stadtpfarrkirche St. Barthlmä zur Peterskirche am Petersberg.
2–3: Die Apostel Petrus und Paulus (links) und Christus in der Mandorla (rechts): Fresken in der Apsis der Filialkirche St. Helena am Wieserberg.
4: 41 Szenen aus dem Alten und Neuen Testament: das über 50 m^2 große Millstätter Fastentuch, ein einmaliges Kunstwerk des Malers Oswalt Kreusel, 1593.

Nachfolgende Doppelseite:
1: Grabhain der heiligen Hemma: die Krypta im Gurker Dom.
2: Geschnitzte Kreuzigungsgruppe: Hochaltar der Wallfahrtskirche Hemmaberg, geweiht der heiligen Hemma und der heiligen Dorothea.

4

INRI

1: Der spätgotische Flügelaltar in der Pfarrkirche Heiligenblut.
2: Anbetung des Kindes durch die Heiligen Drei Könige: Detail aus dem Marienfenster in der ehemaligen Stiftskirche Viktring, spätes 14. Jahrhundert.
3: Kunstvolle Neogotik: die Decke des Stiegenhauses von Schloss Wolfsberg,

1

2

3

1: Wuchtige Arkaden: der Hof von Schloss Bleiburg, im Mittelalter Sitz der Grafen von Heunburg.
2: Erinnerung an Kakanien: Doppeladler an der Fassade der ehemaligen Tuchfabrik der Gebrüder Moro in Klagenfurt, 1902.
3: Romantischer Historismus: der Reitschulbau gegenüber Schloss Wolfsberg, errichtet 1855.
4: Am Eingang zum Gurktal: Schloss Pöckstein in Zwischenwässern, erbaut 1778 bis 1782 von Johann Georg von Hagenauer.
5: Errichtet in jahrelanger Handarbeit: Schloss Elberstein, ein Werk des Globasnitzer Künstlers Johann Elbe.
6: Grazile Renaissance-Arkaden: Schloss Porcia in Spittal an der Drau, errichtet ab 1534 im Auftrag des Grafen Salamanca-Ortenburg.

1

2

3

4

5

6

1

1: Kärnten – das Land der Burgen und Schlösser: Ein mächtiger romanischer Bergfried und die von Zinnen gekrönte Ringmauer dominieren Burg Groppenstein nordwestlich von Obervellach.

2

3

4

2: Stolze Festung, gelegen über dem Villacher Becken: Burg Landskron wurde im 16. Jahrhundert von den Khevenhüllern zur prachtvollen Renaissance-Festung ausgebaut.
3: Türmchen über dem Eingangstor von Burg Landskron.
4: Verfallener Teil der Stadtbefestigung Friesach: ehemaliger Schalenturm am Petersberg.

1

1: Erbaut zwischen 1124 und 1146 auf steil aufragendem Kalkfelsen: Burg Griffen, heute Ruine.
2: Ehemals als Wasserburg angelegt: Schloss Frauenstein bei St. Veit an der Glan.
3: Die Wahrzeichen von Friesach: die Burgruine Petersberg mit dem 28 m hohen Bergfried und die Peterskirche.
4: Bildete ehemals das Vorwerk zur höher gelegenen Burg Oberfalkenstein: Burg Niederfalkenstein in Obervellach.

3

2

4

1 

1: Das „Schatzhaus Kärntens“: Die 1091 gegründete Benediktinerabtei St. Paul im Lavanttal verfügt über eine großartige Kunstsammlung.
2: Eines der bedeutendsten Renaissancebauwerke Österreichs: Schloss Tanzenberg, gelegen auf einem Ausläufer des Ulrichsberges, heute im Besitz der Diözese Gurk. Im Bild die Kirche hl. Florian und hl. Josef an der Südwestflanke des Schlosses mit einem Radfenster und monumentalem Mosaikschmuck.
3: Das Gartenportal von Schloss Pöckstein in Zwischenwässern.
4: Tempietto im Garten von Schloss Pöckstein.

2

3

4

1

2

3

1: Im Innenhof der Hollenburg: Blick aus dem Arkadengang zur Holzgalerie gegenüber.
2: Über den Fenstern und Türen im Burghof der Hollenburg sind Sinnsprüche angebracht.
3: Mächtiger Burgenbau auf einem Felsplateau im Rosental: die Hollenburg., deren Anfänge wohl ins 9. Jahrhundert zurückreichen.
4: Das habsburgische „Jagdschloss" in Lölling, ehemals das Gewerkenhaus des Baron Dickmann. Thronfolger Franz Ferdinand frönte in den Wäldern der Umgebung seiner großen Jagdleidenschaft.

4

1

1: Verfallene Feste am Fuße der Karawanken: die Burgruine Finkenstein. Erstmals urkundlich erwähnt wird die im Besitz der Kärntner Herzöge befindliche Burg anno 1142.
2–5: Uneinnehmbare Festung und ein Wahrzeichen Kärntens: Burg Hochosterwitz, seit 1571 im Besitz der Familie Khevenhüller.

2

3

4

5

1: Einst Teil des Burgenringes zum Schutz der Herzogsstadt St. Veit an der Glan: Burg Hochkraig. Die Burgen Hochkraig und Niederkraig waren durch einen Aquädukt verbunden.
2: Verwunschene Landschaft: Der Bergfried von Burg Niederkraig (Bildmitte) thront über dem Wald.

1

2

café+co

1: Sommerparadies Wörthersee: Das Ausflugsschiff „MS Kärnten“ läuft ein.
2: Direktzugang zum Wasser: Haus am Wörthersee.
3: Der einzige und letzte Schraubendampfer Österreichs: Die 1909 in Dienst gestellte „DS Thalia“ der WSG Wörthersee Schifffahrt GmbH bietet Platz für 280 Passagiere.

Nachfolgende Doppelseite:
Ein Vermächtnis der Eiszeit: der Wörthersee, das blaue Herz Kärntens, mit der Halbinsel Maria Wörth.

1

2

3

1: Wassersport am Weißenseee bei Techendorf.
2: Idylle zwischen Bergen: der Brennsee (oder auch Feldsee) im Gegendtal.
3: Aufgrund beständiger Winde ist der Wörthersee ein ausgezeichnetes Segelrevier.

S. 88–89: Badesee in 930 Meter Höhe mit Trinkwasserqualität: Blick über den Weißensee bei Techendorf.

S. 90–91: Unberührte Natur in den Gailtaler Alpen: das 208 Hektar große Landschaftsschutzgebiet Farchtnersee.

S. 92: Kärnten wasserreich: großer Wasserfall im Maltatal, dem „Tal der stürzenden Wasser".

S. 93: In der Tscheppaschlucht: Wasserkaskaden des Loiblbachs.

1

2

3

In der Reißeckgruppe
1: Einer von sechs Karseen des Jahresspeicherwerks Reißeck: der Kleine Mühldorfer See.
2: Blick vom Reißeck nach Süden zu den Gailtaler Alpen.
3: Archaische Wegmarkierung: Ein Steinmandl bietet Orientierung.
4: Felsformationen in der Reißeckgruppe.
5: Tafel unterhalb der Staumauer des Kleinen Mühldorfer Sees.

Nachfolgende Doppelseite:
1: Traumhafte Naturlandschaft: der Schwarzsee auf der Turracher Höhe, im Hintergrund der Eisenhut, der höchste Gipfel der Nockberge.
2: Blick auf das Mooskofelmassiv im Lesachtal.
3: Das obere Mölltal mit der Reißeckgruppe.
4: Schroffer Kalkstock zwischen Gail- und Drautal: die Jauken. Bedeutung erlangte der Gebirgszug in der frühen Neuzeit durch den Abbau von Blei- und Zinkerzen.
5: Der höchste Berg Österreichs: der Großglockner. Erstmals bestiegen wurde der Gipfel im Jahre 1800.

2

3

1

4

5

2

3

1

4

5

1

Vorhergehende Doppelseite: Ein einzigartiges Blumenparadies: die Mussen im Lesachtal. Arnika, Kohlröserl, Gelber Enzian und Türkenbundlilien blühen hier direkt am Wegesrand.

1, 3: Von Bergstürzen zerrissen und geformt: der Dobratsch im Abendrot. Ausgelöst durch ein Erdbeben, stürzten am 25. Jänner 1348 etwa 150 Mio. m^3 Gestein zu Tal.
2: Auf dem Weg von Hohenthurn nach Westen ins Gailtal.
4: Blick von Feistritz nach Westen zu den Gailtaler Alpen.

Nachfolgende Doppelseite: Mit 2145 m einer der höchsten Karawankengipfel: der Mittagskogel, slowenisch *Kepa*, bei St. Jakob im Rosental, ein klassischer „Zeitzeigeberg" – blickt man von Villach nach Süden, so steht die Sonne zu Mittag direkt über dem Gipfel.

2

3

4

Vorhergehende Doppelseite: Bizarre Felskämme an der Grenze zum Friaul: Blick von Hermagor nach Süden in die Karnischen Alpen. Links der Trogkofel (2880 m), rechts der Zottachkopf (2046 m) über der Rattendorfer Alm.

1: Blick vom Lesachtal zu den Karnischen Alpen, links die markante Felspyramide des Hochweißstein (*Monte Peralba*), dessen Gipfel (2694 m) bereits in Italien liegt.
2: Obergail im Lesachtal mit den Karnischen Alpen.
3: Großes Bild: Die Kirche von Tratten, geweiht der heiligen Lucia und dem heiligen Jodokus, dahinter die mächtige Silhouette des Dobratsch.

1

2

4

Wanderparadies und Biosphärenpark Nockberge
1: Über den sanften Nockbergen grüßen die Dreitausender der Hohen Tauern: Hochalmspitze (3360 m, links) und Großer Hafner (3076 m, rechts).
2: Lärchen bei der Schiestlscharte.
3: Bietet einen herrlichen Rundblick über den Biosphärenpark: der Koflernock.
4: Eine weltweit einzigartige Berglandschaft: Blick von der Nockalmstraße nach Süden.
5: Prächtiger Lärchenwald entlang der Nockalmstraße.

Nachfolgende Doppelseite: Im Biosphärenpark Nockberge: die Grundalm mit charakteristischem Fichten-Lärchen-Zirbenmischwald.

2

3

1

4

5

ISBN 978-3-7012-0139-6

Bücher aus der Verlagsgruppe Styria gibt es in der
Buchhandlung und im Online-Shop
styriabooks.at

Fotos: Fritzi Lukan: 18
Marco Schneiders/Interfoto/picturedesk.com: 43 (links oben)
Alfred Buellesbach/Visum/picturedesk.com: 43 (unten)
IMAGNO/Interfoto/H. J. Schunk: 84/85
IMAGNO/ullstein bild - CARO/Anke Teschner: 88/89
IMAGNO/ullstein bild/Neubauer: 86 (oben)
IMAGNO/ullstein bild - CARO/Stefanie Preuss: 86 (unten)
IMAGNO/Austrian Archives: 86/87
Ingrid Pilz (Wanderparadies Kärnten): 96/97 (oben): 98/99
Alle anderen Bilder sind Originalaufnahmen von Gerhard Trumler.

Buchgestaltung: Buchproduktion.Toscani.at
Umschlaggestaltung: Bruno Wegscheider
Reproduktion: pixelstorm, Wien
Druck und Bindung: Druckerei Theiss GmbH, St. Stefan im Lavanttal

7 6 5 4 5 4 3 2 1